AF613797

HOMELIE IV.

POUR LE DIMANCHE DES ROGATIONS, SUR LA PRIERE:

Par M. le Curé de S. Sulpice de Paris.

A PARIS,
Chez RAYMOND MAZIERES, ruë S. Jacques, prés la ruë du Plâtre, à la Providence.

M. DCCVII.

AVEC APPROBATION ET PRIVILEGE DU ROY.

TEXTE DU SAINT EVANGILE SELON SAINT LUC.

EN ce temps-là : Jesus dit à ses Disciples : Si quelqu'un de vous alloit trouver sur le minuit un de ses amis, & lui disoit : mon ami, prêtez-moy trois pains, parce qu'un de mes amis voyageant, vient d'arriver chez moy, & je n'ay rien à mettre devant luy. Si celuy qui est dans sa maison, répondoit : Ne m'importunez point, ma porte est maintenant fermée, & mes enfans sont au lit aussi-bien que moy : Je ne sçaurois me lever pour vous en donner : Je vous dis que si l'autre persistoit de frapper à la porte de son ami, & que l'amitié ne l'obligeât pas de se lever pour lui donner les pains dont il auroit besoin, il l'y contraindroit par son importunité. Et moy je vous dis : demandez, & il vous sera donné : cherchez, & vous trouverez : frappez, & il vous sera ouvert. Car quiconque demande, reçoit ; & qui cherche trouve ; & l'on ouvre à celuy qui frappe à la porte. Qui eſt auſſi celuy d'entre vous qui donne une pierre à ſon fils, quand il luy demande du pain ? ou un ſerpent, quand il luy demande un poiſſon ? ou s'il luy demande un œuf, luy donne-t'il un ſcorpion? que ſi vous, tout méchans que vous êtes, vous ſçavez bien donner de bonnes choſes à vos enfans, combien plus vôtre Pere qui eſt dans les Cieux, donnera-t-il le bon eſprit à ceux qui le luy demanderont ? *Luc* 11. 5.

HOMELIE QUATRIE'ME
SUR
LA PRIERE.

QUAND nous considerons d'une part les promesses si solemnelles, si positives, & si reïterées que le Seigneur a faites dans ses écritures, de nous accorder tout ce que nous luy demanderions; que nous voyons de l'autre nos infinis & pressans besoins; & cependant qu'il y a si peu de Chrétiens qui demandent, & encore moins qui obtiennent, jusques-là qu'on en trouveroit qui oseroient affirmer n'avoir jamais rien impetré, quoyqu'ils ayent beaucoup & long-temps demandé; nous ne sçavons dequoy nous devons le plus nous étonner: & dequoy nous sommes le plus à blâmer & à plaindre, dequoy nous devons plus gémir; si c'est de nôtre incredulité, ou de nôtre insensibilité, de nôtre défiance, ou de nôtre indigence.

En effet, ſans aller puiſer ailleurs que dans l'Evangile, les raiſons qui nous obligent de croire que nous obtiendrons du Seigneur ce que nous luy demanderons : conſiderons avec foy, mes tres-chers freres, ce que nous y trouvons écrit, & ce qui doit le plus exciter nôtre confiance.

Premierement, le Seigneur l'a dit : *Et ego dico vobis : petite, & dabitur vobis :* & moy je vous dis, demandez, & il vous ſera donné. Le Seigneur l'a dit : le Seigneur, dis-je, qui ne peut ni tromper ni ſe tromper, ſur la parole duquel la foy toute entiere s'appuye, & tous les myſteres de la Religion que nous croyons uniquement parce qu'il les a revelez : c'eſt donc le Seigneur même, qui nous en aſſure : *& ego dico vobis, petite & accipietis :* c'eſt-là un oracle auquel nous ſommes infiniment plus obligez de déferer, que ſi tous les bienheureux, que ſi tous les Anges du Ciel venoient nous en aſſurer : eſt-ce que Dieu parlera, & qu'on ne le croira pas ? ou qu'on doutera s'il tiendra ſa parole ? & que ſemblable à l'homme impuiſſant ou trompeur, il dira & ne fera pas, il propoſera & n'executera pas ? *non eſt Deus quaſi homo, ut mentiatur, nec ut filius hominis, ut mutetur : dixit ergo & non faciet ? locutus eſt, & non implebit ?* Souvenons-nous de cette admirable viſion de ſaint Jean dans ſon Apolypſe, qui vit le Seigneur à la tête des armées celeſtes portant le nom de fidele & de veritable, *& vidi cœlum apertum, & ecce equus albus, & qui ſedebat ſuper eum vocabatur fidelis & verax :* & diſons avec l'Egliſe, *credo quid dixit Dei Filius, nihil hoc verbo veritatis verius :* diſons avec ſaint Paul, *impoſſibile eſt Deum mentiri*, & honorons la parole de Dieu par nôtre acquieſcement & nôtre ſoumiſſion.

2°. Il l'a promis, nous donnant comme pour caution de ſa promeſſe le credit qu'il a auprés de ſon Pere : tout ce que vous demanderez à mon Pere, dit Jeſus-Chriſt, interpoſant mon nom auprés de luy, tenez pour certain que je le feray, *quodcumque petieritis Patrem in nomine meo hoc faciam*; & nous aſſurant que la gloire de ce Pere ſi honoré & ſi aimé eſt intereſſée dans l'accompliſſement de la promeſſe qu'il nous fait, *ut glorificetur pater in filio.* Que peut-on apporter de plus exprés & de plus formel ? que devons-nous croire plus fortement ? combien devons-nous être perſuadez que celui qui nous a fait une ſemblable promeſſe, n'eſt pas moins fidele que puiſſant pour l'accomplir, *pleniſſimè ſcias quia quæcumque promiſit, potens eſt & facere*, dit l'Apôtre, & qu'il eſt la verité même eſſentielle, incapable de menſonge ou d'erreur : *promiſit enim qui non mentitur Deus*, ajoûte le même Apotre : mais voici quelque choſe de plus.

3°. Il l'a juré : en verité, en verité je vous dis, ce que vous demanderez en mon nom à mon Pere, il vous l'accordera: *Amen, amen dico vobis, ſi quid petieritis Patrem in nomine meo, dabit vobis.* Surquoi S. Chryſoſtome obſerve que S. Jean le bien-aimé Diſciple, ſublime entre les Evangeliſtes, ſe ſert aſſez ſouvent de cette eſpece de ſerment qu'il fait prononcer à Jeſus-Chriſt, parce que cet aigle ſurceleſte, comme l'appellent les Peres, propoſe ordinairement des veritez, ou des vertus plus relevées & plus difficiles à croire, & à pratiquer, que les autres Ecrivains ſacrez : le Seigneur nous montrant par ce ſerment qu'il ne pouvoit nous donner une plus grande assurance d'estre exaucez dans les prieres que nous lui faisons, qu'en jurant par luy même: *quoniam neminem habuit per quem juraret majorem, juravit per semetipsum, ut fortissimum solatium habeamus.* Telles sont les paroles de S. Paul au sujet des promesses de Dieu. Quels sommes-nous donc qui n'ajoûtons foy, ni aux paroles ni aux promesses, ni aux juremens de celuy qui est la verité essentielle & la toute-puissance même ?

4°. Il l'a écrit ; car, comme raisonne S. Augustin, ce que la main & les doigts sont dans le corps naturel de l'homme, les Apostres & les Evangelistes le sont dans le corps mystique de Jesus-Christ : *membra ejus id operata sunt quod dictante capite cognoverunt : quidquid enim ille de suis factis & dictis nos legere voluit, hoc scribendum illis tanquam suis manibus imperavit : hoc quisquis intellexerit non aliter accipiet, quàm si ipsam manum Domini quam in proprio corpore gestabat, scribentem conspexerit.* Et non content de l'avoir une fois écrit, il a fait confirmer cette promesse par quatre témoins dignes de foy, s'il y en eût jamais, qui sont les quatre Evangelistes, & comme si tout cela ne suffisoit pas encore à chasser nôtre défiance,

5°. Il l'a prouvé par des raisonnemens convainquans. Premierement, parce que, si l'homme, dit ce divin Sauveur, quelque méchant qu'il soit, ne laisse pas de donner à ses enfans, les choses qu'ils luy demandent, & que pour un morceau de pain il ne leur presentera jamais une pierre ; à combien plus forte raison le Pere celeste, qui est la bonté même, & dont l'amour envers ses créatures excede infiniment l'amour d'un pere de la terre envers ses enfans, les exaucera-t-il dans leurs

leurs demandes ? *quantò magis Pater veſter cœleſtis dabit ſpiritum bonum petentibus ſe?* non que l'Auteur de la nature condamne les ſentimens de la nature, dit ſaint Chryſoſtome, il veut ſeulement faire voir que la bonté du Pere celeſte eſt ſi grande, que la bonté du pere terreſtre peut paſſer pour une malignité en comparaiſon, & le meilleur naturel, pour défectueux & mauvais : *hæc verò dixit non vituperans naturam humanam, ſed ad exprimendum bonitatis inter Deum atque homines pergrande diſcrimen, amorem patrum malignitatem vocat: tanta quippe eſt illa excellentia charitatis, tanta eſt redundantia benignitatis.* Ainſi tout corps, quelque reſplendiſſant qu'il ſoit, n'eſt qu'obſcurité en comparaiſon du Soleil, ajoûte ce Pere.

Secondement, parce que ſi le ſouverain Createur ne dédaigne pas d'écouter les cris des animaux privez de raiſon, qui le reclament dans leurs neceſſitez : *qui dat jumentis eſcam ipſorum; & pullis corvorum invocantibus eum*; à combien plus forte raiſon exaucera-t-il les deſirs de l'homme, qui luy eſt infiniment plus cher & plus précieux ? *reſpicite volatilia cæli : nonne vos magis pluris eſtis illis? quantò melior eſt homo ove? multis paſſeribus meliores eſtis vos.*

Troiſiémement, parce que, nous dit-il : Si un juge impie & méchant, qui ne craint ni Dieu ni les hommes, ne laiſſe pas d'écouter les plaintes d'une femme qui l'importune, pour ſe délivrer de ſes cris ennuyeux, qu'eſt-ce que ne fera pas ce Juge ſupréme, auſſi plein de zele que de compaſſion envers ceux qui le reclament?

Quatriémement, parce que Jeſus-Chriſt fait des reproches à ſes Diſciples, de ce qu'ils ne luy demandent rien : *usque modò non poteſtis quidquam.*

En cinquiéme lieu, parce qu'il n'exclud perſonne ni de la liberté de demander, ni de l'eſperance d'obtenir ce qu'il demande : *omnis qui petit accipit, omnia quæcumque orantes petitis, credite quia accipietis & evenient vobis*; ni aucune choſe que nous puiſſions eſperer de ſa bonté, qu'il ne s'engage de nous l'accorder : *quodcumque volueritis petetis, & fiet vobis*; parce qu'enfin il fait celui qui le prie, le dépoſitaire abſolu de ſon pouvoir, en ſorte qu'il n'y ait rien qu'il luy ſoit plus impoſſible d'obtenir, qu'il l'eſt au Tout-puiſſant de le faire : *amen quippè dico vobis, ſi habueritis fidem ſicut granum ſinapis, dicetis monti huic, tranſi hinc illuc, & tranſibit, & nihil impoſſibile erit vobis.*

C'eſt ſur ce ferme fondement que S. Gregoire de Néoceſarée, ainſi que perſonne n'ignore, oſa demander à Dieu dans ſa priere, de faire retirer une montagne de ſa place, & qu'il l'obtint; *venit nocte ad locum, & genibus flexis admonuit Dominum promiſſionis ſuæ, ut montem longiùs juxta fidem petentis ageret. Et mane facto, reverſus invenit montem tantùm ſpatii reliquiſſe ſtructoribus eccleſiæ, quantùm opus habuerant.*

Auſſi S. Chryſoſtome obſerve tres-à propos à ce ſujet, que le Fils de Dieu aprés avoir préché les divines maximes du Sermon de la montagne : & avoir exigé de ſes Diſciples des vertus heroïques & ſurhumaines : une perfection qui ſemble non-ſeulement les égaler aux Anges & aux Archanges; mais qui les engage à n'avoir pas d'autre modele de ſainteté à imiter que la ſainteté de Dieu même : ſoyez parfaits, leur diſoit-il, comme vôtre Pere celeſte eſt parfait : voyant bien qu'étonnez du poids de ces grandes obligations, ils luy diroient avec ſaint Pierre : Si la choſe eſt ainſi, qui pourra donc être ſauvé ? leur ſuggere ce moyen facile, mais efficace, de pouvoir accomplir ce qu'on leur enjoignoit : car c'eſt comme s'il les eût prévenus, & s'il leur eût dit : N'alleguez point que ces choſes ſurpaſſent vos forces, & que vous n'avez pas en vous la vertu de les accomplir : demandez & vous recevrez, cherchez & vous trouverez, frapez & on vous ouvrira. Ce ſera dans la priere, exercice ſi aiſé, que vous recevrez ce qui vous paroît le plus difficile : *quia enim magna mirandaque præcipit, & paſſionibus eſſe liberos juſſerat, ad ipſum quoque cælum omnino adduxerat, docendo ut ſtuderent non Angelis neque Archangelis, ſed ipſi omnium Domino, in quantum poſſibile eſt, eſſe conſimiles : ne dicerent quia importabilia ſunt ipſa prorſus, ac dura : & quis poteſt ſalvus eſſe ? ne igitur ſimilia proferrent, hic facilitatis infert coronidem, auxilium Dei quod orationum perſeverantia promeretur : propterea & petere præcipit, eiſque ſe daturum promiſit : petite, inquit, quærite, pulſate.*

Aprés tant d'autoritez, d'aſſurances, de promeſſes, de raiſons, qui ne croiroit pouvoir tout impetrer ? & cependant, ô contradiction étonnante ! nous ne demandons rien, quoique nous manquions de tout ; & bien loin que cette parole s'accompliſſe en nous : *antequam clament, ego exaudiam, clamabis, & dicet, ecce adſum* ; nous n'obtenons preſque jamais, quoique nous demandions toûjours : d'où vient que la doctrine que nous profeſſons, s'accorde ſi mal avec le ſuccés que nous eſperons ? & puiſque l'Evangile nous preſſe par tant de motifs, à demander ce que nous n'avons pas, comment ne cherchons-nous dans le même Evangile les raisons qui doivent nous confondre de ce que nous n'obtenons pas ? Trouvons-les ces raisons dans le texte sacré que l'Eglise nous propose à mediter aujourd'huy, où elle nous inspire & le courage d'oser tout demander, & la confiance de pouvoir tout obtenir: voici donc pourquoi vous n'obtenez pas selon nôtre Evangile.

I°. Parce que vous n'êtes point ami du Seigneur à qui vous demandez : en effet, tous ceux de l'Evangile de ce jour sont des amis, le voyageur qui arrive à minuit, l'hoste qui le reçoit dans sa maison, le voisin qui donne le pain, tout est ami, *quis vestrûm habebit amicum : amice, commoda mihi tres panes, quoniam amicus meus venit ad me* : car, selon la remarque de Saint Gregoire, & l'usage etably parmy les hommes, peut-on se flatter d'obtenir quelque grande faveur d'un Prince dans l'amitié duquel on n'a aucune part ? Or telles sont les loix de l'amitié de Dieu envers les hommes, ainsi qu'elles sont prescrites dans l'Evangile : vous serez mes amis, dit le Fils de Dieu, mais à condition que vous ferez ce que je vous commande : *vos amici mei eritis, si feceritis quæ præcipio vobis.* Cependant combien le Seigneur exige-t-il de choses de vous que vous ne faites pas ? pourquoi donc vous étonner si vous demandez & si vous n'impetrez pas ? le Seigneur vous commande de vous abstenir de tout peché, de tout orgueil, de toute avarice, de toute volupté sensuelle : il vous ordonne de retrancher cette bonne chere, ces spectacles prophanes, ce jeu, ces inimitiez, ces distractions, ces vanitez, ces pertes de temps : il vous enjoint de vous contenir dans les bornes de la ſobrieté , de la juſtice , de la pieté , & vous ne le faites pas : vous n'eſtes pas ami du Seigneur, vous n'obtiendrez pas ce que vous demandez , la gueriſon de cette maladie, le gain de ce procés , l'humiliation de ce perſecuteur , la benediction ſur vos affaires temporelles , la paix dans vôtre famille : vous ne faites pas la volonté de Dieu , Dieu ne fera pas la vôtre : il eſt écrit : *voluntatem timentium ſe faciet , & deprecationem eorum exaudiet* : car, comme diſoit aux Juifs cet aveugle ſelon le corps, mais tres-éclairé ſelon l'eſprit : le Seigneur fait la volonté de ceux qui font la ſienne , *ſi quis voluntatem ejus facit hunc exaudit* : vôtre priere pour être exaucée, a beſoin d'être animée par la confiance , & vous ne ſçauriez vous confier que Dieu vous accordera ce que vous demandez de luy , parce que vous ne luy accordez pas ce qu'il demande de vous : ainſi vous n'êtes pas exaucé, n'étant pas ami de Dieu : *vos amici mei eritis, ſi feceritis quæ ego præcipio vobis*. Voici une ſeconde raiſon.

II°. Vous ne frappez pas à la porte de Dieu , ainſi que celuy de l'Evangile d'aujourd'huy , qui frappe & à qui on ouvre , & qui perſevere même à frapper : *ſi perſeveraverit pulſans* : vous n'oſez frapper à la porte du Seigneur , parce que les reproches de vôtre conſcience infidelle ne vous donnent pas cette hardieſſe : la choſe eſt reciproque, Dieu frappe à vôtre porte : *ecce ſto ad oſtium & pulſo*, il fait retentir dans l'interieur de vôtre ame le bruit de ſes jugemens , les menaces de ſa colere, le tonnerre d'une éternité malheureuſe, les preſſentimens d'une mort prochaine : *pulſat verò cùm per ægritudinis molestiis mortem vicinam esse designat.* Et vous êtes sourd à ses coups, il fait entendre sa voix qui vous appelle à la penitence, à l'amandement de vos mœurs, à la sainteté de vie, & vous ne l'écoutez pas: *ecce sto ad ostium & pulso;* comment donc pourriez-vous esperer qu'il vous ouvrira la porte de sa misericorde, puisque vous refusez de luy ouvrir la porte de vostre fidelité? vous étes sourd à sa voix, il est sourd à la vôtre, il exige de vous la patience, l'humilité, la charité, la mortification, la chasteté, la retraite, vous entendez sa voix, & vous dormez: le Seigneur dormira & n'entendra pas la vôtre, on vous mesurera à vôtre mesure, à peine accordez-vous à Dieu ce qu'il prescrit sous peine de damnation, comment oseriez-vous frapper à sa porte avec confiance d'obtenir des graces qu'il n'accorde qu'à ceux qui font des œuvres de perfection & de surérogation?

III°. Vous ne demandez pas à Dieu à titre de prêt, pour s'exprimer de la sorte, ainsi que cet ami dont parle nôtre Evangile: *Amice, commoda mihi tres panes*, il emprunte à condition de rendre: Vous demandez à Dieu divers dons, & vous n'avez ni l'intention quand vous demandez, ni la fidelité quand vous recevez, de les faire fructifier: ce grand Roy qui va faire un voyage vous confie cinq talens, mais à la charge de les faire valoir, & de luy rapporter cinq autres talens: Ce Pere de famille vous donne diverses sommes d'argent, mais à condition de les multiplier par le commerce; il vous prépose sur ses terres, mais il vous oblige de les cultiver, & de luy rapporter les fruits de son champ, de sa vigne, de ses arbres; cependant la sterilité est vôtre partage. Quelle utilité avez-vous rapportée des bienfaits dont le Seigneur vous a prévenu, de ce riche naturel, de cette bonne éducation, de ces biens temporels, de ces inclinations vertueuſes, de ces graces interieures, de cette ſemence divine de la parole de Dieu, de ces ſources inépuiſables de ſantification, c'eſt-à dire, des Sacremens ? Que répondrez-vous quand ce Juge inexorable vous examinera, & vous dira d'un ton ſevere : Rendez compte de vôtre adminiſtration, *redde rationem villicationis tuæ, jam enim ampliùs non poteris villicare* : car le temps de vôtre adminiſtration eſt paſſé pour ne plus revenir : tout eſt fini pour vous. Ignorez-vous que la terre qui ne rapporte rien ſera maudite & condamnée au feu, qui la conſumera ſans la devorer, parce qu'elle aura été arroſée ſans avoir rien fait germer ? Où ſont ces bonnes œuvres que vous auriez dû produire comme le fruit des ſaintes habitudes dont vous avez été avantagé ? Où ſont ces vertus acquiſes, cette humilité, cette patience, cette chaſteté, cette pieté, ce zele, ces devoirs de vôtre condition remplis, ces aumônes répanduës avec abondance ? Ne cherchez donc point pourquoy vous demandez & n'obtenez pas : le paſſé eſt un préjugé de l'avenir : on ne donne, ou plûtôt on ne prête, qu'à condition de rendre : vous avez reçû beaucoup, & n'avez rien rendu : *Seminaſtis multum & intuliſtis parum* : ſi l'on vous donnoit encore, vous ne feriez qu'accroître la grandeur de vôtre compte & la rigueur de vôtre jugement : vous recevriez & ne rendriez rien : ce n'eſt pas l'eſprit de cet ami dont parle l'Evangile d'aujourd'hui ; qui ne demande pas qu'on luy donne, mais qu'on luy prête, *amice, commoda mihi*.

IV°. Vous ne demandez pas uniquement les choses necessaires, vous desirez je ne sçai combien de choses superfluës. Vous imitez mal ces deux amis de nôtre Evangile, l'un ne demande à son ami que du pain : *amice, commoda mihi panes :* l'autre ne luy donne même de ce pain que ce qui luy est necessaire : *quodquod habet necessarios.* La Providence donnera tout à vôtre indigence, mais elle refusera tout à vôtre concupiscence, dit saint Augustin : *Dabit Deus totum necessitati, non cupiditati :* & vous aurez-même beaucoup de superflu, si vous vous rétreignez au pur necessaire : *Multa superflua habebimus*, continuë le même Docteur, *si non nisi necessaria teneamus :* que si vous passez une fois les justes limites du necessaire, vos cupiditez seront infinies, vos greniers ne seront jamais assez grands, non plus que ceux de cet avare de l'Evangile; ni vos celliers assez vastes, & vous tomberez infailliblement dans les lacets du démon, dont parle l'Apôtre: *Qui volunt divites fieri incidunt in laqueum diaboli, & in desideria multa inutilia & nociva, quæ mergunt homines in interitum :* paroles sur lesquelles il est bon de faire deux reflexions. La premiere est de S. Augustin : Que l'Apôtre ne blâme pas en cet endroit les richesses, mais les convoitises, *non facultates, sed cupiditates :* c'est-à-dire, qu'il ne condamne pas ceux qui sont riches, mais ceux qui veulent devenir riches: non celuy qui possede les richesses, mais celui qui est possedé par l'amour des richesses, *non possessor, sed possessus.* On ne vous défend pas d'étendre vôtre main aux biens qui vous sont legitimement acquis, comme observe un Concile : mais d'y attacher vôtre cœur : *divitiæ si affluant, nolite cor apponere.* En effet, le riche Abraham ne ne trouva pas ſon repos dans le ſein du pauvre Lazare, deſireux de ſe raſſaſier des miettes de ce pain terreſtre, qui tomboient de la table du mauvais riche, ce fut le pauvre Lazare qui trouva ſon repos dans le ſein du riche Abraham deſireux de ne ſe nourrir que de ce pain celeſte qui devoit deſcendre de la table de Dieu & nourrir tout le genre humain : *panis æternus eſt filius Dei*, dit S. Auguſtin. La ſeconde reflexion eſt de S. Gregoire : que S. Paul compare tres-à propos les richeſſes à un hameçon, dont le démon ſe ſert pour prendre les ames avides des biens apparens de ce monde : *qui volunt divites fieri incidunt in laqueum diaboli* : un crime couvert ſous un gain temporel, n'eſtant qu'un appas du démon ſous un hameçon mortel : *eſca in laqueo, lucrum in iniquitate.* Voulons-nous eſtre riches, demandons à Dieu, non qu'il augmente nos richeſſes, mais qu'il diminue nos convoitiſes.

V°. Vous demandez peut-eſtre pluſieurs choſes, au lieu de n'en demander qu'une : vous demandez avec ces enfans de noſtre Evangile des pains, des poiſſons, des œufs : *panes, piſces, ova :* or dans ces trois preſens myſterieux ſont compriſes toutes les choſes que les élemens peuvent vous offrir, & tout ce que vos convoitiſes peuvent deſirer : les richeſſes du ſiecle, les plaiſirs d'une volonté vague & libertine, les honneurs d'un eſprit ambitieux, ſans conſiderer que vous demandez à voſtre Pere qui eſt aux Cieux des établiſſemens dans ce lieu de pelerinage, des emplois agreables dans ce lieu de penitence, des dignitez élevées dans ce lieu d'humiliation : enfin voſtre cœur ſoupire aprés trop d'objets qui vous jettent dans le trouble &

dans l'inquiétude, incompatible avec la priere : *turbaris erga plurima :* que si les divers soins de Marthe, quoiqu'ayant pour terme le service du Sauveur, l'empécherent d'écouter, & d'estre écoutée : *Martha, Martha, sollicita es* ; que sera-ce de la multiplicité des vostres, qui n'ont autre fin que vous mesme? ne sçavez vous pas, non plus que cette Sainte, qu'il n'y a qu'une chose necessaire : *unum necessarium* ; qu'il faut dire avec le Prophete : Je n'ay demandé qu'une chose au Seigneur, & je ne luy en demanderay jamais qu'une : sçavoir, le bonheur éternel, & la joye de le voir un jour dans son Royaume : *unam petii à Domino, hanc requiram, ut inhabitem in domo Domini.*

VI°. Vous demandez trop les biens temporels, representez par le pain materiel que cet ami demande à son ami : *amice, commoda mihi panes :* de l'argent, de la santé, de la reputation, des enfans, des maisons, des heritages : & vous ne demandez pas assez les biens spirituels : *bona data ;* que le Sauveur promet aujourd'huy à ses enfans : *dabit spiritum bonum petentibus se* : car qui demande l'humilité, la charité, la patience, la chasteté, la perseverance, la délivrance ou la victoire d'une tentation, & semblables dons, avec la mesme ardeur, la mesme instance que l'on demande la guerison d'une maladie, le gain d'un procés, la délivrance d'un peril éminent? Qui demande aux Prestres la celebration des Messes, & qui répand des aumônes à cette intention? Qui demande le détachement ou le bon usage des biens temporels, quoiqu'il soit si necessaire, avec la mesme ferveur, qu'on demande les biens temporels mesmes, quoiqu'ils soient si dangereux? on demande le bon ſuccés d'une affaire, & on ne demande point le bon eſprit : *ſpiritum bonum*, qui fait une bonne affaire des plus mauvaiſes affaires , par le bon uſage qu'il en fait faire. Demandez donc , & vous obtiendrez , pourvû que ce ſoit des choſes dignes de celuy à qui vous les demandez , & convenables à vous qui les demandez , dit ſaint Chryſoſtome : *modò & talia poſtulaveris , quæ & illum qui petitur , dare decent : & accipere tibi qui precaris expediat : quæ verò iſta ſunt ? ſi ſcilicet ſpiritualia cuncta depoſcas.* Le ſeul titre par lequel vous pourriez eſperer d'obtenir des biens temporels du Pere celeſte , ſeroit parce qu'il eſt voſtre pere , & c'eſt cette raiſon meſme pour laquelle il vous les refuſera : car eſt-ce qu'un enfant qui demande à ſon pere un pain , un poiſſon, un œuf, en recevra une pierre, un ſerpent, un ſcorpion ? & ne dites pas que les richeſſes vous donneroient plus de facilité de faire voſtre ſalut ; car d'où ſçavez-vous, ô homme terreſtre , dit ſaint Auguſtin , qu'elles vous aideront à gagner le Ciel ? tout ce que vous pouvez en eſperer de meilleur, c'eſt qu'elles ne vous perdent pas avec une infinité d'autres : tant il eſt rare de n'en eſtre pas corrompu : *unde ſcis, ô homo , quid profuturæ ſunt tibi divitię , quanti everſi ſunt per divitias ? ſufficit ut divitiæ illos non perdant , nam prodeſſe nihil poſſunt.* Souvenez vous de ce que nous liſons dans l'Ecriture , que Dieu exauça Salomon , & luy donna même plus qu'il n'avoit deſiré : parce qu'il ne luy avoit pas demandé des richeſſes : *quia non poſtulaſti divitias* : vous n'obtiendrez pas , dit S. Chryſoſtome , parce qu'étant enfant de Dieu , vous demandez ce que demandent les enfans du ſiecle. *Nam & ſi filius ſis, non tamen tibi ſufficit ad omne quod poposceris, impetrandum, sed obstat quominus accipias quod cùm sis filius Dei petis sæcularia.*

VII°. Vous demandez peut-estre des graces spirituelles, mais demandez-vous celles qui sont representées par ce pain de nostre Evangile: *amice, commoda mihi panes?* ne demandez-vous point les douceurs de la devotion, les consolations interieures, des gousts sensibles dans la Communion, ou dans la Priere: des communications tendres du Saint Esprit: d'où vient donc cette tristesse & cette desolation qui vous accable, lorsque vous ne trouvez que des délaissemens & des secheresses au service de Dieu, que des distractions dans les exercices spirituels? la Croix vous fait peur, les mortifications & les humiliations vous sont insupportables: vous ne demandez plus de pain sec seulement avec cet ami d'aujourd'huy, *commoda mihi panes*: vous voudriez des mets spirituels, délicieux: vous voudriez déja par avance boire, non le Calice amer du Seigneur dans le Jardin des Olives; non goûter le fiel & le vinaigre de la Croix; mais vous desalterer dans ce torrent de volupté reservé pour le temps à venir: sans faire attention à ce que vous prononcez si souvent, *panem nostrum quotidianum da nobis hodie*, donnez-nous aujourd'huy nostre pain quotidien: aujourd'huy, parole, selon saint Augustin, qui marque le temps de cette vie penible & ennuyeuse, laquelle n'est, ni le sejour du repos, ni le lieu de la recompense: *hoc ipso enim quod dictus est panis quotidianus, ad hoc tempus pertinet.* De plus, ce que vous ne demandez que du pain, vous insinuë la mesme verité, car nostre nourriture en ce pelerinage est appellée *pain*, & non pas *breuvage*: *propterea panis dictus eſt , non potus :* parce que comme le pain , cet aliment materiel qui nourrit noſtre corps, ſe mange avec peine & difficulté, *frangendo atque mandendo , in alimentum convertitur :* & comme l'Ecriture, cet aliment ſpirituel qui nourrit noſtre ame , ne le fait pas non plus ſans peine & ſans contention de noſtre part : *ſicut ſcripturæ aperiendo & diſſerendo animam paſcunt:* ainſi le breuvage que nous prenons ſans aucune peine en cette vie , eſt la figure de ce fleuve de paix & de délices qui inondera l'ame des Bienheureux en l'autre : d'où il s'enſuit que la verité dont nous nous repaiſſons à preſent eſt à bon droit appellée du pain : *ut iſto tempore panis ſit veritas , cùm quotidianus panis dicitur :* & cette meſme verité dont nous nous repaîtrons alors , eſt appellée breuvage : *tunc autem potus cum nullo labore diſputandi & ſermocinandi , quaſi frangendi atque mandendi opus erit : ſed ſolo hauſtu ſinceræ & perſpicuæ veritatis.* Imitez donc celui dont il eſt parlé dans noſtre Evangile , qui ne demande que du pain : *amice, commoda mihi panes.* Apprenez qu'il n'eſt fait mention d'aucune liqueur pour boire dans ce repas qui ſe fait la nuit, c'eſt à dire au temps de l'obſcurité de la Foi : ne demandez , ni rien de ſuperflu , ni rien de délicieux , contentez-vous du neceſſaire : ne vous attendez qu'à du pain ſec, *commoda mihi panes,* & vous ſerez exaucé.

VIII°. Vous ne demandez rien pour vous, & vous ne dites pas avec cet homme de nôtre Evangile : *Commoda mihi :* A moy : ou pour moy : ou bien vous ne demandez pour vous que des choſes vaines , frivoles, étrangeres à vous-meſme , qui ne ſont rien , ou qui ſont plûtôt pour les autres que pour vous : des qualitez ſouvent exterieures , qui ne vous ſont, ni propres , ni ſubſtantielles, qui ne perfectionnent point voſtre être & voſtre nature ; au lieu que le Sauveur, pour avoir lieu d'exaucer ceux qui le prient, exige d'eux qu'ils ayent à luy demander ce qui leur eſt eſſentiel : *Si quid petieritis Patrem : ſi quid petieritis me, hoc faciam* : remarquez ce mot de *quid*, il ſignifie quelque choſe de ſubſtantiel. C'étoit donc avec raiſon que ſes Apôtres ne luy ayant encore rien demandé que des préſeances, & des dignitez, il leur reproche de ne luy avoir encore rien demandé du tout : *uſque modò non petiſtis quicquam* : car demander des biens créez, des talens, de la ſcience, ce n'eſt rien demander de ſolide : rien qui perfectionne vôtre nature dans ſon fonds, rien qui vous faſſe devenir plus excellent. Demandez à Dieu des biens qui vous rendent bon, afin que ſi vous ne ſortez pas de la Priere exaucé, vous en ſortiez meilleur : ſi vous n'en ſortez pas plus riche, plus honoré, plus eſtimé, vous en ſortiez plus vertueux & plus ſaint. Demandez pour vous, & vous obtiendrez, *dabitur vobis* : ſemblable, encore une fois, à cet ami charitable de nôtre Evangile, qui demandoit pour luy : *commoda mihi*.

Or, on vous donnera, & vous recevrez veritablement, quand vous ſerez transformé en mieux. Ce pauvre eſtropié aſſis à la porte du Temple, qui demandoit l'aumône à ſaint Pierre, auquel cet Apôtre dit : Je n'ay ni or ni argent, mais je vais vous donner ce que j'ay : levez-vous, & marchez ; & qui ſur le champ recouvra l'uſage des pieds & des jambes ; pouvoit-il ſe plaindre de l'Apôtre, & luy dire, vous ne m'avez pas exaucé : j'attendois de vous de l'argent, & je n'en ay pas reçû : non, il eſt vray ; mais vous avez reçû un bien infiniment plus precieux que tout l'or du monde, la ſanté, les forces, la faculté de marcher, une vigueur nouvelle, vous êtes devenu un autre homme, il s'eſt fait un changement heureux en vôtre perſonne. Ainſi, mon Frere, ſi vous n'obtenez pas les petites choſes que vous deſirez, vous obtiendrez de plus grandes choſes que vous auriez dû deſirer : *non deſiderata, ſed deſideranda.* Vôtre être deviendra meilleur, & vôtre ſubſtance plus parfaite : car, comme enſeigne S. Thomas, *gratia perficit naturam ſecundùm ſubſtantiam.* Etre exaucé du Seigneur en ce qu'on luy demande, n'eſt pas toûjours une bonne marque, diſent les Peres. Le demon demanda une fois à Dieu d'affliger le ſaint homme Job, & il l'obtint : Saint Paul demanda trois fois au Seigneur de le délivrer d'une tentation du demon, & il ne l'obtint pas ; mais le demon exaucé en devint pire, & S. Paul refuſé en devint meilleur, *exauditur diabolus, & non exauditur Apoſtolus*, dit S. Auguſtin.

Dites donc à Dieu avec cet homme charitable de nôtre Evangile, *commoda mihi* : Seigneur, que vos dons me deviennent propres, qu'ils ſoient pour moy, qu'ils me perfectionnent, & me transforment : à l'imitation de Jeſus-Chriſt ſur le Tabor, & que je demande & reçoive ainſi veritablement pour moy, *commoda mihi.* Toute autre choſe ne merite pas mes vœux, tout le reſte dans la verité n'eſt rien, ſanté, vie, fortune, reputation : *quidquid enim aliud petitur, nihil petitur*, dit ſaint Auguſtin : non que ce qu'on deſire ne ſoit quelque choſe ; mais c'eſt qu'en comparaiſon de ce qu'on devroit deſirer, ce n'eſt pas une choſe : *ſed quia in tantæ rei comparatione, quidquid aliud concupiſcitur, nihil eſt*, continuë ce grand Docteur dans l'Office d'aujourd'huy. Que vôtre foy ne s'affoibliſſe donc pas quand vous demandez & n'obtenez pas, parce que quand vous demandez autre choſe, vous ne demandez rien : *quidquid enim aliud concupiſcitur, nihil eſt* : & par conſequent, ne vous étonnez pas ſi vous n'obtenez rien : *uſque modò non petiſtis quicquam*. C'eſt l'Evangile d'aujourd'huy.

IX°. Vous priez avec langueur & pareſſe, vous vous endormez dans la méditation, ainſi que Jeſus-Chriſt reprochoit à ſaint Pierre : *Simon, dormis, non potuiſti unâ horá vigilare mecum*. Point de vigilance & d'attention dans ce ſaint exercice : bien different de cet homme de nôtre Evangile, qui ſe leve à minuit pour recevoir ſon ami, & pour exercer la charité envers luy, *mediâ nocte* : il ſort de ſa maiſon, il va chez ſon voiſin frapper à ſa porte, le réveiller, l'importuner, le contraindre de ſe lever, & enfin aprés diverſes inſtances rëïterées, il en obtient ce qu'il demande : *ſi perſeveraverit pulſando, dabit illi quotquot habet neceſſarios* : tout veille dans cet exemple évangelique, voyageur, ami, voiſin : ou on ne dort pas, ou l'on ſurmonte le ſommeil : faites la même choſe, & vous obtiendrez : *Præbet qui dormit quantùm volebat vicinus improbus*, dit S. Auguſtin, *magis vitando tædium, quàm benevolentiam cogitando* : car l'Ecriture veut nous faire comprendre par là, que ſi ce voiſin, tout endormi qu'il eſt, auſſi bien que ſa famille, ne laiſſe pas d'interrompre ſon repos & celuy de ſes enfans, d'ouvrir ſa porte, & de donner à cet ami importun tout ce qu'il luy demande : *& ille de intùs reſpondens dicat : Noli mihi moleſtus eſſe, jam oſtium clauſum eſt, & pueri mei mecum ſunt in cubili, non poſſum ſurgere & dare tibi* :

nous

nous devons, à bien plus forte raiſon, eſperer d'être exaucez, quand pleins de vigilance nous demandons à ce vray Pere de famille qui n'eſt jamais endormi, & qui, au contraire, nous éveille luy-même quand nous dormons, afin que nous demandions : *ut hinc intelligas, ſi dare cogitur, qui cùm dormiat à petente excitatur invitus, quantò dat benigniùs ille qui nec dormire novit, & dormientes nos excitat ut petamus.*

Saint Cyprien écrit que nôtre Seigneur luy avoit fait connoître dans une revelation, que l'horrible perſecution qui s'éleva de ſon temps contre l'Egliſe venoit du peu de ferveur des Chrêtiens, qui s'endormoient dans leurs prieres : *nam & hoc nobis jam olim per viſionem, fratres cariſſimi, exprobratum ſciatis, quòd dormitemus in precibus, nec vigilanter oremus :* d'où ce grand Martyr prend occaſion d'exciter les Fideles à veiller ſans ceſſe, & à prier la nuit auſſi bien que le jour, à l'exemple de Jeſus-Chriſt & des Apôtres : *excutiamus itaque & abrumpamus ſomni vincula, & inſtanter ac vigilanter oremus, ſicut Paulus Apoſtolus præcipit dicens : inſtate orationi, vigilantes in eâ : nam & Apoſtoli orare diebus ac noctibus non deſtiterunt : & Dominus quoque ipſe diſciplinæ magiſter, & exempli noſtri via, frequenter & vigilanter oravit, ſicut in Evangelio legimus : exiit in montem orare, & fuit pernoctans in oratione Dei.*

Saint Ambroiſe a fait la meſme obſervation : il nous eſt commandé, dit ce bienheureux & ſçavant Pontife ſur cet endroit ici, de vacquer à la Priere, non ſeulement le jour, mais encore la nuit : *alius præcepti locus eſt, ut non ſolùm diebus, ſed etiam noctibus, oratio deferatur.* En effet, pourſuit ce Saint, ne voyez vous pas dans noſtre Evangile, que cet hôte charitable qui re-

S

çoit ſon amy, ſe leve au milieu de la nuit, & va frapper à la porte de ſon voiſin endormi, pour en obtenir du pain? *vides enim quòd iſte qui mediâ nocte ſurrexit, tres panes ab amico ſuo poſtulans, & in ipſa petendi intentione perſiſtens non defraudetur oratis.* Et n'eſtoit-ce pas au milieu d'une ſemblable nuit, que le Prophete David ſe levoit, pour demander à Dieu ce pain myſterieux, & répandre des larmes à ſa porte, ſans craindre d'interrompre le repos de celuy qui ne dort jamais? Seigneur, diſoit-il, au milieu des ombres de la nuit, & lorſque les hommes ſont le plus profondément enſevelis dans le ſommeil, je me levois pour chanter vos miſericordes, & pour moüiller mon lit de mes pleurs: *ab hac media nocte panes David petiit, & accepit, quando dicebat: mediâ nocte ſurgebam ad confitendum tibi: lavabo per ſingulas noctes lectum meum: neque enim timuit ne excitaret dormientem, quem ſcit ſemper vigilantem.* Et par conſequent, continuë encore ce même Saint, prions ſans ceſſe, & demandons nuit & jour la remiſſion de nos pechez, à l'imitation de ce grand Prince, qui malgré les infinies occupations inſeparables de la Royauté, trouvoit encore le temps d'offrir à Dieu des Sacrifices le ſoir & le matin, de prier ſept fois le jour, & de ſe lever encore pendant la nuit pour répandre ſon ame devant celuy qui ſeul pouvoit la recüeillir: *nam ſi ille jam ſanctus, & qui regni erat neceſſitatibus occupatus, ſepties in die laudem Domino dicebat, matutinis & veſpertinis ſacrificiis ſemper intentus, quid nos facere oportet?* Et comment nous diſpenſer de lever à ſon imitation, nos mains vers le Ciel, & de nous unir aux Anges, qui ſans ceſſe publient les grandeurs du Tout-puiſſant: *in noctibus extollite manus veſtras in sancta, & benedicite Dominum.* Comment ne se sentir pas invité de se joindre encore au concert de ces mysterieux animaux de l'Apocalypse, qui crient le jour & la nuit sans discontinuation, Saint, Saint, Saint, est le Seigneur, le grand Dieu des armées? *r quiem non habebant die ac nocte.* Réveillez-vous donc, conclut S. Ambroise, & allez frapper à la porte de Jesus-Christ vôtre seul & veritable amy, pour en obtenir du pain : *excita igitur somnum tuum, & pulses ostium Christi : quis enim amicior nobis, &c.* Voici encore ce qu'il ajoûte : *nec solùm mediâ nocte Dominus, sed omnibus propè docet vigilandum esse momentis. Venit enim, & vespertinâ, & secundâ, & tertiâ vigiliâ, & pulsare consuevit. Beati itaque servi illi, quos cùm venerit Dominus invenerit vigilantes.*

Que les exhortations de ce saint Evêque sont belles, mais que ses exemples sont édifians! car faisant l'Oraison Funebre des pieux Empereurs Gratien & Valentinien, il proteste qu'il ne passera aucune nuit sans prier pour ces deux excellens Princes : *si quid meæ orationes valebunt, nulla dies vos silentio præteribit, nulla nox non aliqua precum mearum contextione transcurret.* Aussi S. Augustin témoigne que lors de la persecution de l'Imperatrice Justine contre les Catholiques, S. Ambroise passoit les nuits en prieres dans l'Eglise avec le Peuple fidele : *excubabat pia plebs in Ecclesia, mori parata cum Episcopo suo servo tuo.* Et que sainte Monique, sa pieuse mere, étoit des premieres & des plus assiduës aux veilles & aux oraisons : *ibi mater mea ancilla tua, sollicitudinis & vigiliarum primas partes tenens, orationibus vivebat.* C'est ainsi encore que S. Paul, & S. Antoine, aprés s'estre repûs de pain & d'eau, passoient la nuit en veilles & en prieres : *immo-*

lantes Deo sacrificium laudis, noctem transegere vigiliis : ou, comme il est écrit ailleurs : *noctem illam in divinis laudibus consumpserunt.*

Rien, en un mot, n'est si connu, ni si étably dans les premiers temps de l'Eglise, que l'usage des veilles. Le nom de Vigiles & de Nocturnes s'est conservé dans l'Office Divin, mais la chose s'est perduë. L'Eglise, dit saint Chrysostome, semblable à une grande & opulente Princesse, qu'on a dépoüillée de ses tresors, montre encore, à la verité, les cabinets où ses diamans & ses pierreries étoient renfermées, mais elle gemit de ne posseder plus ses richesses anciennes. *Estote itaque prudentes, & vigilate in orationibus*, utique multiplicibus, *&c.* 1. Pet. 4. 7.

X°. Trouvons encore dans nostre Evangile une nouvelle raison pourquoy nos prieres ne sont pas exaucées, c'est peut-estre parce que nous ne les accompagnons pas de l'abstinence & du jeûne, & que nous aimons encore les sensualitez de la bouche. En effet, tout nous prêche icy cette vertu. Le voyageur arrive à minuit sans avoir encore rien pris. L'hôte qui le reçoit n'a aucun aliment à luy presenter : *non habeo quod ponam ante illum.* Le voisin ne prête pour ce repas que du pain seul, rien davantage, tout respire la sobrieté & la frugalité. Vous demandez à Dieu des graces, vous frappez à la porte de sa misericorde, vous n'obtenez rien : n'est-ce point peut-être que vous êtes intemperant ? vous ne vous contentez pas de pain, c'est à dire des alimens ordinaires, & communément apprêtez, vous flatez vostre goust par des mets trop abondans, ou trop délicats, vous n'estes pas guery du vice qui le premier courba nostre nature vers la terre : comment donc vos prieres monteroient-elles en haut ? Car si l'Oraison nous éleve, ou plûtôt si elle n'est qu'une élevation de nostre ame vers Dieu, & si elle nous met en état de dire avec le Prophete, *ad te levavi animam meam, qui habitas in cœlis :* j'ay élevé mon ame vers vous, ô Seigneur, qui habitez dans les lieux hauts : la gourmandise n'est-elle pas un poids qui nous appesantit vers la terre, suivant la parole, ou plûtôt l'avis salutaire de celuy qui par la faim & la soif qu'il a voulu endurer, est venu guerir l'intemperance du Genre humain. Prenez garde, dit-il, que vostre cœur ne s'appesantisse par l'excés du boire & du manger, *attendite vobis ne graventur corda vestra in crapulâ & ebrietate.*

Saint Cyprien dont nous venons de parler, écrivoit à son Peuple, pour lors dans la persecution, que Dieu avoit daigné luy reveler, qu'on eût à être extrêmement sobre & reservé dans le manger & le boire : *sed & de victu parco, & sobrio potu, divinis dignationibus admonemur :* de peur que l'ame déja élevée par le desir ardent du martyre, ne soit rabaissée par la sensualité de l'intemperance, *scilicet ne vigore cœlesti sublime jam pectus illecebra sæcularis enervet :* & de peur aussi, ajoûte-t-il, que l'esprit appesanti par les alimnens superflus, ne perde son attention & sa vigilance à la Priere : *vel ne largioribus epulis mens gravata minus ad preces orationis evigilet.*

De peur enfin, selon un autre Pere, que nostre ame semblable à l'aigle, élevée par son vol jusqu'au plus haut des cieux, ne descende honteusement d'un lieu si éminent, sur quelque proye vile pour assouvir sa faim : *ventris necessitate compulsa.*

De plus, si l'Oraison nous illumine, ainsi qu'enseigne le Prophete : *accedite ad Deum, & illuminamini, & facies vestræ non confundentur* ; la gourmandise, au contraire, comme une terre limoneuse, n'envoye t-elle pas des vapeurs épaisses qui obscurcissent nôtre entendement, qui le rendent incapable de contempler la verité, & qui s'interposent entre le Soleil de justice & nous : *Gula hebetat intellectum*, dit un grand Saint, *& affectum devotionis obruit*.

Enfin, si l'Oraison exige une ame vigilante & toûjours attentive au Seigneur, conformément à ces maximes salutaires répanduës par tout dans l'Evangile : priez, veillez, soyez sobres, ne vous laissez point aller à l'assoupissement, *orate, vigilate, sobrii estote, vigilate in orationibus* : L'intemperance ne rend-elle pas l'ame paresseuse & comme endormie : *nimia ciborum repletio*, dit un Pere, *pigrum reddit, quia vas plenum, ponderosum efficitur*. Rien n'abrutit tant l'esprit humain, que l'Oraison doit rendre tout divin, dit S. Jerôme, que la bonne chere, *nihil adeò obruit intelligentiam ut comessatio*.

On ne finiroit point, si l'on vouloit rapporter toutes les preuves de cette verité. Les Actes du martyre de S. Ignace portent que ce grand Saint gouverna son Eglise malgré les persecutions des Tyrans qui vouloient la détruire, par l'unique secours du Jeûne, de la Priere & de l'instruction qu'il donnoit à son Peuple : *procellas multarum persecutionum gubernaculo orationis & jejunii & assiduitate doctrinæ mitigans*.

Le saint Abbé Zozime ayant trouvé dans le desert, par une conduite particuliere de Dieu, cette celebre penitente Marie l'Egyptienne, & luy demandant de quoy elle avoit pû vivre pendant tant d'années, dans un deſert ſi affreux & ſi aride, & qui ne produiſoit rien pour la nourriture de l'homme, en eut cette admirable réponſe : Tres-ſaint Abbé, luy dit-elle, le ſouvenir des perils d'où la bonté de Dieu m'a tirée, m'eſt un pain, que je n'ay pû juſqu'à preſent conſommer : & l'eſperance de mon ſalut m'eſt un feſtin continuel : *recordans enim de qualibus malis liberavit me Dominus, eſca nutrior inconſummabili, & ſatietatis poſſideo epulas, ſpem ſalutis meæ :* Un tel Jeûne ne pouvoit eſtre ſuivy que d'une Oraiſon ſublime : auſſi ce ſaint Abbé l'ayant obligée de ſe mettre en oraiſon, elle obéit : & ſe tournant vers l'Orient, les yeux élevez au Ciel, & les mains étenduës pendant pluſieurs heures, elle parut tout d'un coup élevée de terre l'eſpace d'une coudée, *ad Orientem converſa & elevatis in excelſum oculis, manibuſque extenſis, cœpit orare : ſtabat autem Zozimas, ut dicebat, tremens, terram conſpiciens, & nihil ullo modo loquens. Jurabat autem, Deum teſtem verbi proponens, quoniam ut vidit eam perſeverantem in orationis conſtantiâ paululùm elevatis ab aſpectu terræ oculis eam elevatam conſpexiſſe quaſi cubitum unum à terrâ, & in aere pendentem orare.* Cette vûë ſi ſurprenante jetta une telle frayeur dans l'ame de ſaint Abbé, que proſterné la face contre terre, il ne pouvoit rien dire, ſinon : Seigneur, faites-moy miſericorde : *nimio pavore correptus proſtravit ſe in terram, nihilque dicere præſumebat, niſi, Domine miſerere mei.*

Aprés ces maximes & ces exemples, peut-on douter de la neceſſité du jeûne & de l'abſtinence, ſi l'on veut eſtre exaucé dans la Priere : & le pain ſeul dont l'hôte charitable de noſtre Evangile, repût le voyageur atténué, qui vint chez luy en pleine nuit, ne nous donne-t-il pas naturellement cette importante leçon ? Saint Fructueux, Evêque de Taragone en Espagne, nous en donne-t-il une moindre dans l'Histoire de son martyre, lors qu'aprés avoir passé toute la nuit dans la prison, accompagné de Fideles qui ne le quittoient point, il avoit joint ensemble un jeûne rigoureux avec une Oraison continuelle : & marchant au supplice le lendemain pour estre brûlé vif, quelques Chrêtiens luy ayant presenté en chemin certaine potion pour le fortifier, il n'en voulut pas prendre, disant qu'il estoit jeûne ce jour-là, & que l'heure de la refection n'estoit pas encore venuë : *nondum est hora solvendi jejunii, agebatur enim hora diei quarta :* il n'estoit que de dix heures du matin.

XI°. Mais voicy encore une nouvelle raison, tirée de nostre Evangile, pourquoy peut-estre vous n'estes pas exaucé dans vos desirs, c'est que vous ne demandez pas ces trois pains mysterieux que cet amy demande aujourd'huy à celuy à la porte duquel il frappe : *amice commoda mihi tres panes :* pourquoy ce nombre de trois pains, dit S. Ambroise, si ce n'est parce que dans le cours de nostre ennuyeux pelerinage sur la terre, l'homme spirituel se nourrit de trois sortes d'alimens ou de mets qui composent le festin abondant de la vie Chrêtienne : *qui sunt isti tres panes, nisi mysterii cœlestis alimentum ?* Or, ces trois mets sont, 1°. la parole de Dieu ; car il est écrit : *non in solo pane vivit homo, sed in omni verbo quod procedit de ore Dei.* Le second aliment qui nous nourrit est la Priere, selon cette expression de l'Eglise : *dulcique mentem pabulo orationis nutriens.* Le troisiéme est l'Eucharistie, ce pain de Dieu, comme l'appelle le Sauveur luy-même, *panis Dei.* En effet, le Chrêtien est formé mé par la parole : *mundatus lavacro aquæ in verbo vitæ.* Il eſt fortifié par la Priere qui accroît en luy la grace & les vertus : il eſt perfectionné par l'Euchariſtie qui le diviniſe.

C'eſt de ces trois pains dont ſe nourriſſoient les premiers Fideles, ainſi qu'il eſt écrit dans les Actes des Apôtres : *erant perſeverantes in doctrinâ Apoſtolorum.* Voilà la parole divine : *& orationibus*, voilà la Priere : *& communicatione fractionis panis*, voilà l'Euchariſtie.

Ces trois myſtiques alimens de l'Homme ſpirituel eſtoient figurez dans l'ancien Temple, où l'on voyoit poſé devant l'Arche d'alliance, ou le Saint des Saints, le Chandelier à ſept lampes, l'Autel des parfums, & la Table des Pains de propoſition.

Le nombre de trois Pains que demande cet amy, renferme encore un nouveau myſtere : car la parole du Seigneur, ou le premier Pain, eſt particulier à celuy qui l'entend. Le ſecond Pain qui eſt la Priere, peut ſe communiquer au prochain, en tant que nous pouvons prier pour luy. Le troiſiéme Pain, qui eſt l'Euchariſtie, nous unit à tous.

Demandez donc à Dieu la faim de la parole de Dieu, le goût de la contemplation, le raſſaſiement ou la plenitude de l'Euchariſtie : *amice commoda mihi tres panes*, mais demandez avec perſeverance, *ſi perſeveraverit pulſans*, & vous les obtiendrez : *dabit bona data, ſpiritum bonum petentibus ſe.*

XII°. Vous n'obtenez pas, parce que vous ne demandez pas les biens de la Foy, de l'Eſperance, & de la Charité, ſous leſquels ſont compris tous les veritables biens, & hors leſquels il n'y a aucun bien veritable : c'eſt ce que nous inſinuë la Parabole de l'Evangile d'aujourd'huy, où ſous le voile obſcur de ces trois alimens, du pain, du poiſſon, & de l'œuf qu'un fils demande à ſon pere, ſont repreſentées les trois vertus Theologales qui nous uniſſent immediatement au ſouverain bien, nous nourriſſent de luy, & qui bien meditées peuvent ſoûtenir les enfans de Dieu, dans le pelerinage de cette vie mortelle, ſans meſme le ſecours des Livres ſacrez, ſelon la doctrine de ſaint Auguſtin : l'homme, dit ce Docteur éclairé, appuyé ſur la Foy, l'Eſperance, & la Charité, & remply de la ſubſtance, pour ainſi dire, de ces trois excellentes vertus, n'a pas même beſoin des Ecritures Saintes, pour nourrir en luy la pieté, ſi ce n'eſt qu'il ſoit dans l'engagement d'inſtruire & d'éclairer les autres : *homo fide, ſpe & charitate ſubnixus, eaſque inconcuſſè retinens, non indiget ſcripturis niſi ad alios inſtruendos :* ce qu'on remarque aſſez, continuë-t-il, en la perſonne de ces pieux Solitaires, qui ſe maintiennent au milieu des deſerts dans une haute ſainteté, quoique dépourvûs des Livres divins, en ſorte qu'on voit en eux un commencement de l'état des Bienheureux, parmy leſquels, ſelon l'Apôtre, les Propheties ceſſeront, & où le don des langues, & de la ſcience, & autres ſemblables vertus ne ſeront plus d'uſage, parce qu'on ne contemplera plus que la verité pure : *itaque multi per hæc tria etiam in ſolitudine ſine codicibus vivunt : undè in illis arbitror jam completum eſſe quod dictum eſt : ſivè Prophetiæ evacuabuntur, ſivè linguæ ceſſabunt, ſivè ſcientia deſtruetur.*

Vous n'êtes donc pas exaucé dans vos prieres, parce que vous ne demandez pas au Pere celeſte les biens de la Foy, figurez par ce poiſſon myſterieux de noſtre Evangile, qu'un enfant demande à ſon pere terreſtre : *quis autem ex vobis patrem petit piſcem, numquid pro piſce ſerpentem dabit illi?* car c'eſt une doctrine commune dans les anciens Peres, & fondée ſur des rapports tres-convenables, que le poiſſon eſt le ſymbole de la Foy : *piſcem, Fidem intelligamus*, dit S. Auguſtin, expliquant ce même endroit de l'Evangile d'aujourd'hui : En effet, continuë-t il, ſelon l'expreſſion d'un Saint, de la doctrine duquel nous nous ſervons avec plaiſir, *dixit quidam Sanctus, & nos dicere delectat.* La Foy ſemblable au poiſſon qui vit au milieu des flots émûs, & des tempêtes, ſans en eſtre endommagé; la Foy, dis-je, ſe conſerve au travers des tentations & des agitations de ce ſiecle orageux. Le monde impie s'éleve, & comme une mer furieuſe ſe bouleverſe, & la foy n'eſt pas ſubmergée : *piſcis bonus pia eſt fides, vivit inter fluctus, nec frangitur aut ſolvitur fluctibus : vivit inter tentationes, tempeſtateſque hujus ſæculi pia fides : ſævit mundus, & integra eſt.*

Or, les biens de la Foy ſont des biens inviſibles : *non contemplantibus nobis quæ videntur, ſed quæ non videntur*, dit l'Apôtre : ce ſont des treſors cachez au fond des abîmes obſcurs du ſiecle à venir : ce ne ſont pas ces biens-là que vous demandez, des biens qui rebutent vos ſens, des biens qui exercent vôtre raiſon, des biens qu'il faut attendre, & qui ne ſont ainſi, ni viſibles, ni preſens, des biens que la foy ſeule vous promet un jour. Vous voulez des biens actuels & palpables, que l'ancien ſerpent offrit au premier homme dans le Paradis terreſtre, & au nouveau dans le deſert : la gloire du monde: la pompe des richesses, l'éclat des grandeurs humaines: tels sont les biens aprés lesquels vous soupirez, & non aprés ce Royaume à venir, cette Jerusalem celeste, la gloire des Saints. Pourquoy donc vous étonner si vôtre Pere celeste au lieu des biens de la Foy, figurez par le poisson d'aujourd'huy, ne veut pas vous donner un serpent: *numquid pro pisce serpentem dabit illi?* Car le divin Maistre dont nous expliquons la doctrine enigmatique cachée aux superbes, & dévelopée aux humbles, oppose dans cette Parabole le serpent au poisson, & le demon à la Foy: ne demandez pas l'un pour l'autre, ou ne vous étonnez pas si on vous refuse, & si vôtre Pere celeste ne vous accorde pas un serpent caché sous les biens trompeurs du siecle, de peur que vôtre foy n'en soit dévorée: *opposuit enim Dominus serpentem pisci, diabolum fidei, diabolus ergo non corrumpat fidem, nec devoret piscem.*

En second lieu, vous n'estes pas exaucé, parce que vous ne demandez pas les biens que l'Esperance promet, ces biens éternels, celestes, immuables, infinis, incomprehensibles, que l'œil n'a point vû, que l'oreille n'a point oüi, & que le cœur humain n'a jamais compris: Vous demandez des biens que l'œil voye, que l'oreille entende, que la main touche, que l'esprit humain comprenne, des biens temporels, des biens bornez, corruptibles, fragiles, inconstans. Or, comme vôtre pere terrestre ne vous donnera point pour un œuf que vous devriez demander, un scorpion que vous estes assez aveugle de desirer: ainsi vôtre Pere celeste ne vous donnera point des biens pernicieux, figurez par cet insecte venimeux, au lieu de vous donner les biens celeſtes figurez par cet œuf myſterieux de nôtre Evangile.

Pour bien entendre ceci, il eſt bon de remarquer avec les Saints Peres, qu'il y a cette difference entre les oiſeaux qui volent dans l'air, & les animaux qui marchent ſur la terre, que les premiers furent formez d'eau lors de la creation de l'Univers; & les ſeconds, de terre: que l'oyſeau eſt la figure du Chrêtien formé dans les eaux du Baptême, & élevé dans les airs par ſon détachement des biens de ce monde, & ſes deſirs des biens du Ciel; que les animaux ſont la figure des Réprouvez, tous terreſtres, & tous appeſantis vers les choſes baſſes, & qui ne connoiſſent d'autres biens que ceux qu'ils voyent; à quoy il faut encore ajoûter une difference qui revient neanmoins à celle-cy, c'eſt que ces animaux terreſtres enfantent leurs petits avec tous les membres, & toutes les parties qui les compoſent, & tels qu'ils ſeront toûjours, ſans qu'ils attendent rien davantage de la nature: & les oyſeaux, au contraire, ne produiſent qu'un œuf, & ne voyent qu'en eſperance les plus chers biens qu'ils attendent : ainſi l'homme terreſtre a devant ſes yeux tous les biens qu'il aime, ſes richeſſes, ſa famille, ſes enfans, il n'attend rien au-delà de ces biens preſens: mais le Fidele ne voit ſes biens qu'en eſperance, il attend, & ne poſſede pas: il eſpere & ne voit pas: les biens qu'il prétend, & que Dieu luy prepare ſont inacceſſibles à ſes ſens, & incomprehenſibles à ſa raiſon, la patience ſeule, & la ferveur de ſa charité feront éclore un jour le bonheur qu'il couve maintenant dans ſon cœur, pour s'exprimer ainſi. Telle eſt la doctrine de S. Auguſtin: *Spes quantum mihi videtur ovo comparatur : ſpes enim nondùm pervenit ad rem, & ovum eſt aliquid & nondùm eſt pullus : quadrupedes ergo pariunt filios, aves autem ſpem filiorum : ſpes autem quæ videtur non eſt ſpes, quod enim videt quis, quid ſperat ? ovum eſt, nondum pullus. Teſtudine tectum, non videtur, quia operitur, cum patientia expectetur, ferveſcat & viveſcat.*

C'eſt donc avec raiſon que les Elûs ſont comparez aux oyſeaux du Ciel, & les réprouvez aux animaux terreſtres, puiſque les biens des Elûs ſont des biens à venir, figurez par l'œuf : & les biens des réprouvez, des biens preſens, qui ſervent d'hameçon au demon, figuré par cet inſecte venimeux : & par conſequent, que le Fidele attentif à ſon ſalut, & qui eſt un oyſeau ſpirituel, ne ſoit pas ſurpris ſi ſon Pere celeſte ne luy donne pas un ſcorpion au lieu de luy donner un œuf, c'eſt à dire, des biens nuiſibles pour des biens ſalutaires : *ovo tuo ſcorpium time*, continuë S. Auguſtin : *vide quia de caudâ percutit quam retrò habet : nihil enim tam inimicum ſpei quàm retro reſpicere : id eſt quàm in eis rebus quæ præterlabuntur & tranſeunt, ſpem ponere : & in his quæ nondum datæ ſunt, ſed dandæ quandoque, & nunquam tranſibunt, non ſeparare.* D'où vient donc, ô oyſeau du Ciel, que vous vous plaignez de ce que vôtre Pere celeſte ne veut pas vous donner un ſcorpion pour un œuf ? *quis ex vobis Patrem petit ovum, numquid porriget illi ſcorpionem ?* pourquoy murmurez-vous, comme ſi vous n'aviez pas été exaucé ?

Enfin, c'eſt une choſe connuë, que le pain eſt le ſymbole de la charité, il eſt formé de pluſieurs grains de bled unis en un ſeul corps : il eſt le ſymbole du Sacrement qui unit tous les Fideles enſemble : il eſt la matiere de la miſericorde envers le pauvre, & le ſujet de la Priere que fait aujourd'huy cet amy qui demande à ſon voiſin trois pains : le premier pour ſon hôte, le ſecond pour luy, le troiſiéme commun à tous les deux, & afin qu'il y en ait de reſte. Tout reſpire icy la charité : la cupidité n'a aucune part dans ce repas ; on ne demande, ni pierre, ni ſcorpion, ni ſerpent : demandez à vôtre Pere celeſte, ce pain, cet œuf, & ce poiſſon, & il vous les accordera : ceſſez d'eſtre triſte de ce qu'il vous refuſe une pierre, c'eſt à dire un bien terreſtre, dur, froid, & peſant, comme s'il refuſoit un pain ſavoureux & nourriſſant : ce n'eſt qu'au demon à preſenter des pierres au lieu de pain, ainſi qu'il fit à Jeſus-Chriſt dans le deſert : *quia lapidem petis, ideo non accipis*, dit S. Chryſoſtome. Demandez pour autruy & non pour vous, pour le prochain voſtre amy, voſtre frere en Jeſus-Chriſt. Demandez, pouſſé par un amour commun, & non par un amour propre, & vôtre Pere celeſte vous accordera tout : *quis ex vobis Patrem petit panem, numquid lapidem dabit illi ?* Tel eſt le dénoüement de cette partie de nôtre Evangile ſelon l'interpretation des Saints, qui ne ſe contentant pas de la ſuperficie de la Lettre, en approfondiſſent le ſens caché, ſens myſterieux, que, comme d'humbles Diſciples, nous devons recevoir avec ſoumiſſion.

L'Ecriture eſt comme un œuf qu'il faut ouvrir pour y trouver les veritez de la Religion qui y ſont renfermées, & dont un bon cœur ſe nourrit en le prenant avec le ſel de la ſageſſe, & de la diſcretion.

Demandez donc à Dieu une augmentation de Foy, d'Eſperance, & de Charité : demandez les biens inviſibles qu'il vous prepare, & vous les obtiendrez : *Deus qui diligentibus te bona invisibilia præparasti, da nobis fidei, spei & charitatis augmentum, & ut mereamur assequi quod promittis, fac nos amare quod præcipis.*

Mais apprenez la maniere de demander pour obtenir, l'Evangile vous en offre un parfait modele en la personne de cet amy qui reçoit son amy : admirez les vertus qu'il pratique, dont voicy les plus touchantes.

1°. Sa charité, il se leve, il ouvre sa porte, il reçoit ce voyageur, il l'introduit dans sa maison : ayez un cœur occupé des besoins du pelerin & du famelique, si vous voulez l'avoir occupé de Dieu : regardez la misere du prochain, si vous voulez que le Seigneur regarde la vôtre : pourvoyez à son indigence quand il vous prie, si vous voulez que le Seigneur nourrisse vôtre ame quand vous le priez : exaucez la pauvreté souffrante, & Dieu exaucera vôtre pieté gemissante, *gemebundam pietatem*, comme s'exprime S. Augustin.

2°. Sa ferveur ; il se leve en plein minuit pour recevoir son hôte, il sort de chez luy pour aller éveiller son voisin, il le presse pour en obtenir de quoy donner à manger à son amy : si-tôt que l'heure du lever est venuë, sortez du lit : *hora surgendi ne tetrices* ; ayez scrupule de donner le tiers de vôtre vie au sommeil ; surmontez cette molle paresse qui vous accable ; souvenez-vous qu'on ne trouvoit plus de manne aprés le lever du Soleil, afin qu'on sçût par là, Seigneur, dit l'Ecriture, que nous devons prévenir le lever du Soleil pour vous rendre nos devoirs ; qu'il nous est honteux que ce bel astre que vous avez créé pour nous, parle de vos grandeurs avant que nous les ayons adorées ; qu'il n'y a que ceux qui se hâtent de rendre gloire au Soleil de justice,

juſtice, leſquels meritent d'être éclairez par la lumiere du Soleil exterieur qui paroît tous les jours ſur nôtre hemiſphere : *ut notum omnibus eſſet, quoniam oportet prævenire ſolem ad benedictionem tuam, & ad ortum lucis te adorare*; qu'il faut que la lumiere de la Foy illumine nôtre ame avant que la lumiere viſible éclaire nôtre corps: Enfin, que nôtre commerce avec le Createur devance nôtre commerce avec la Creature.

3°. Son cœur bon & genereux, car quoiqu'il n'eût rien du tout chez luy à manger & à preſenter à ſon hôte, il ne laiſſe pas de le recevoir dans ſa maiſon : Ainſi, mon Frere, quoique vous vous trouviez quelquefois dénué de biens ſpirituels, de pieuſes affections, de ſaintes diſpoſitions, ne laiſſez pas de recevoir Jeſus-Chriſt dans vôtre cœur, mais ne luy cachez pas vôtre pauvreté, le ſeul aveu de vôtre indigence, l'expoſition de vôtre miſere, deviendra pour vous une riche meditation. De même, quoique quelquefois le Seigneur paroiſſe n'avoir rien à vous donner; quoy qu'il ſemble que ſes mains ſoient vuides pour vous, ne laiſſez pas d'entrer dans ſa maiſon, & de paroître affamé devant luy, donnez du moins le couvert aux Pauvres, ſi vous ne pouvez leur donner autre choſe, & vous vivrez à l'abry de la miſericorde divine.

4°. Son humilité, il avouë à ſon voiſin qu'il n'a rien du tout chez luy : *non habeo quod ponam ante illum* : quand vous priez, expoſez vôtre indigence à ce riche Pere de famille, à la porte duquel vous frappez : *omnes quando oramus mendici Dei ſumus : ante januam magni Patrisfamilias ſtamus.* Confeſſez que vous êtes dénué de vertu, de force, de biens ſpirituels, *tam largo fonti vas*

vas inane admovendum est, dit saint Augustin.

5°. Sa modestie, il ne demande que du pain, *commoda mihi panes*, ne demandez point dans vos prieres des sentimens élevez, des vûës extraordinaires, des graces singulieres; contentez-vous des pensées les plus humbles, les plus communes, & les plus simples qu'il plaira à celuy qui dispense ses faveurs comme il luy plaît, mais toûjours pour le mieux, de vous inspirer.

6°. Sa generosité, il ne demande point qu'on luy donne, mais qu'on luy prête: *commoda mihi* Demandez à Dieu des graces dans vos meditations, mais pour les faire fructifier dans vos actions: que vôtre charité ne se fasse jamais aux dépens d'autruy, qu'elle ne soit onereuse ni à charge à qui que ce soit. Ne fatiguez point les autres pour les obliger de contribuer à vos bonnes œuvres; ne devez rien à personne, que les seuls offices de cette excellente vertu qu'on rend toûjours, & dont on ne s'acquitte jamais: *quæ semper redditur, & semper debetur.*

7°. Son desinteressement, il ne demande pas pour luy, il demande pour son amy épuisé & affamé: priez pour les plus grands besoins de l'Eglise, pour les nations qui sont privées du pain de la parole de Dieu, pour les ouvriers evangeliques qui travaillent à la moisson des ames. Souvenez-vous des autres dans leurs miseres, & Dieu se souviendra de vous dans sa misericorde, dit S. Ambroise: *Quòd si diligas Dominum Deum tuum, non solùm tibi, sed etiam aliis poteris emereri.*

8°. Sa pudeur, il n'ose pas declarer à son amy, qu'il n'a rien à luy presenter, rien à mettre sur la table, rien de quoy luy donner à manger ; il luy cache ſa pauvreté, il cherche des reſſources à ſon indigence domeſtique, il va à l'emprunt, ſans le dire à ſon hôte, de peur de le contriſter. Ne portez jamais pour excuſe de ne pas faire l'aumône, que vous êtes vous-même pauvre, afin que Dieu ſoit toûjours riche pour vous.

9°. Sa perſeverance, il ne ſe rebute point de demander malgré les refus reïterez, les raiſons & les impoſſibilitez alleguées : *Noli mihi moleſtus eſſe, jam oſtium clauſum eſt, & pueri mei mecum ſunt in cubili; non poſſum ſurgere & dare tibi.* Il ne ſe ralentit point dans ſes inſtances, plus on le refuſe plus il inſiſte; & enfin il obtient au-delà de ce qu'il avoit demandé. Imitez ce bel exemple, & vous obtiendrez plus que vous n'oſeriez deſirer : *& ſi ille perſeveraverit pulſans, ſurget & dabit illi quotquot habet neceſſarios.*

Pour concluſion, & pour montrer l'efficace d'une Priere fervente, nous rapporterons une Hiſtoire tres-édifiante, tirée de S. Auguſtin, dont voicy les propres termes.

Lorſque nous étions à Carthage, dit ce grand Saint, nous fûmes preſens, & nous vîmes de nos propres yeux, la gueriſon miraculeuſe d'un Officier, autrefois Avocat de la Prefecture. C'étoit un homme de grande conſideration, & tres-religieux, auſſi bien que toute ſa famille, où l'on menoit une vie extrêmement pieuſe & exemplaire : Il nous avoit reçû chez luy avec bien de la bonté, mon frere Alippe & moy, au retour de nôtre voyage d'outre-mer, & nous étions logez chez luy. Nous n'étions pas encore Eccleſiaſtiques, mais neanmoins nous faiſions profeſſion d'une vie retirée &

dédiée au Seigneur. Cet Officier donc étoit pour lors entre les mains des Medecins qui le traitoient d'une grande & douloureuſe incommodité ; il étoit affligé dans les parties les plus ſecretes, & les plus ſenſibles du corps, de pluſieurs fiſtules impliquées les unes ſur les autres. Divers Chirurgiens & Operateurs y avoient apporté le fer, & luy avoient coupé un grand nombre de ces fiſtules, non ſans de longues & cruelles douleurs, mais entre toutes ces fiſtules il y en avoit une qui s'étoit dérobée à l'attention des Medecins, & qui étoit tellement cachée, qu'ils ne l'avoient pas apperçûë, & avoient ainſi obmis de la couper avec leurs ferremens : de ſorte que le malade ne gueriſſoit point ; & ſe défiant de ces longueurs, il apprehenda extrêmement qu'il n'en fallût encore venir à une nouvelle inciſion, comme le luy avoit prédit ſon Medecin domeſtique, que les autres avoient empêché d'aſſiſter à l'operation, & que ſon maître tout fâché, avoit pour ce ſujet mis hors de ſa maiſon, quoique cependant il l'eût enſuite repris chez luy. Or, un jour preſſé par ſes douleurs, il ſe mit à crier, perdant preſque patience, & s'adreſſant à ſes Operateurs : Eſt-ce, leur dit-il, qu'il en faudra venir encore à de nouvelles inciſions ? & faudra-t-il que je ſouffre ce que m'a prédit celuy que vous m'aviez obligé de chaſſer ? mais ces Medecins, loin de l'écoûter, ſe mirent à ſe mocquer de l'ignorance de leur confrere, & à raſſurer le malade par de belles promeſſes. Cependant pluſieurs jours ſe paſſent, & tout ce qu'on faiſoit étoit inutile. Les Medecins neanmoins perſiſtoient toûjours à dire qu'ils gueriroient cette derniere fiſtule par la vertu de leurs onguens, ſans y appliquer le fer.

Ils firent cependant encore venir un autre vieux Medecin nommé Ammonius, assez fameux pour ces sortes de cures, qui ayant visité le mal, en fit le même jugement que les autres. De sorte que le malade s'assurant là-dessus, commençoit déja à railler son Medecin domestique, qui luy avoit prédit qu'il luy faudroit faire une nouvelle incision. Que diray-je davantage? Aprés beaucoup de temps inutilement écoulé, à la fin ces Medecins las & confus, furent obligez d'avoüer qu'il n'y avoit que le fer qui le pût guerir. Ce discours épouventa extrêmement le malade, & il en pâlit: Si-tôt qu'il fut un peu revenu de sa frayeur, & qu'il put parler, il leur commanda de s'en aller, & de ne plus revenir: & aprés avoir pleuré, & s'être tourmenté longtemps, il n'eut point d'autre ressource que de faire venir un certain Alexandrinus, celebre Chirurgien, pour faire ce qu'il ne vouloit pas que les autres fissent. Mais comme celuy-cy fut arrivé, & qu'il eût reconnu par les cicatrices le soin & l'industrie des Medecins qui l'avoient traité, il luy conseilla en homme de bien, de les reprendre, & de ne les pas priver du fruit de leur travail. Il ajoûta, qu'en effet, il ne pouvoit guerir qu'en souffrant encore une incision, mais qu'il n'étoit pas d'humeur à vouloir remporter la gloire d'une cure si avancée, & dans laquelle il admiroit le soin & l'adresse de ceux qui l'avoient pansé. Le malade se reconcilia donc avec ses Medecins, il fut resolu qu'ils feroient l'incision en la presence d'Alexandrinus, & l'operation fut remise au lendemain. Cependant les Medecins s'étant retirez, le malade tomba dans une si profonde tristesse, que toute la maison en fut remplie de deüil, comme s'il eût déja été mort, & nous avions bien de la peine à le consoler. Il étoit visité tous les jours d'un grand nombre de personnes pieuses, & entr'autres de Saturnin, d'heureuse memoire, Evêque d'Uzales, & de Geloze Prêtre, avec quelques Diacres de l'Eglise de Carthage. De ce nombre étoit aussi l'Evêque Aurele, qui seul de tous ceux-là est resté en vie, & avec lequel nous nous sommes souvent entretenus de cette merveille, & dont il se souvenoit fort bien. Comme donc ils le venoient voir sur le soir, selon leur coûtume, il les pria d'une façon fort pitoyable, d'assister le lendemain matin à ses funerailles, plûtôt qu'à ses souffrances, *ut manè dignarentur esse præsentes suo funeri, potiùs quàm dolori.* Car les incisions precedentes luy avoient fait tant de mal, qu'il croyoit assurément expirer entre les mains des Medecins. Ils le consolerent du mieux qu'ils purent, & l'exhorterent à se confier en Dieu, & à se soumettre à sa volonté. Ensuite nous nous mîmes tous en oraison; & nous étant agenoüillez & prosternez en terre, selon nôtre coûtume, le malade s'y jetta luy-même avec tant d'impetuosité, qu'il sembloit que quelqu'un l'eût fait tomber rudement, & commença à prier. Mais qui pourroit exprimer de quelle maniere, avec quelle ardeur, quel transport, quel torrent de larmes, quels gemissemens & quels sanglots? si bien que tous ses membres en trembloient, & qu'il en étoit presque suffoqué. Je ne sçay si les autres prioient, & si tout cela ne les détournoit point. Pour moy je ne le pouvois faire, & je dis seulement en moy-même ce peu de mots: Seigneur, quelles prieres de vos serviteurs exaucerez-vous, si vous n'exaucez celles-cy? *Domine, quas preces ſervorum tuorum exaudis, ſi has non exaudis?* Car il me ſembloit qu'il ne s'y pouvoit rien ajoûter, ſinon d'expirer en priant. Enfin nous nous levâmes ; & aprés avoir reçû la benediction de l'Evêque, nous nous retirâmes, le malade les conjurant de ſe trouver chez luy le lendemain matin, & eux l'exhortant à avoir courage. Le jour venu que l'on apprehendoit tant, les Serviteurs de Dieu arrivent comme ils l'avoient promis. Les Medecins entrent ; on prepare tout ce qui eſt neceſſaire pour l'operation : on tire les redoutables ferremens, chacun demeure étonné & en ſuſpens. Ceux qui avoient le plus d'autorité, encouragent le malade, tandis qu'on le met en poſture commode pour celuy qui devoit faire l'inciſion : on défait les ligatures & les linges, on découvre l'endroit, le Medecin regarde, il cherche de l'œil & de la main la fiſtule qu'il devoit couper. Enfin, aprés avoir bien tout conſideré, touché, éprouvé, il ne voit en la place du mal qu'une cicatrice tres-parfaite & tres-ferme. Il n'y a point de paroles qui puiſſent exprimer les tranſports de jubilation, que tous ceux qui étoient preſens reſſentirent en ce moment, les larmes de joye qu'ils répandirent, & les actions de graces qui furent renduës au Seigneur Dieu miſericordieux & puiſſant, il vaut mieux le laiſſer penſer que de le dire.

F I N.

Avril 1706.

www.ingramcontent.com/pod-product-compliance
Ingram Content Group UK Ltd.
Pitfield, Milton Keynes, MK11 3LW, UK
UKHW021816190726
13853UKWH00003B/1023

9 782329 56630